BEI GRIN MACHT SICH IHR WISSEN BEZAHLT

- Wir veröffentlichen Ihre Hausarbeit, Bachelor- und Masterarbeit

- Ihr eigenes eBook und Buch - weltweit in allen wichtigen Shops

- Verdienen Sie an jedem Verkauf

Jetzt bei www.GRIN.com hochladen und kostenlos publizieren

Bibliografische Information der Deutschen Nationalbibliothek:

Die Deutsche Bibliothek verzeichnet diese Publikation in der Deutschen National-
bibliografie; detaillierte bibliografische Daten sind im Internet über http://dnb.d-
nb.de/ abrufbar.

Impressum:

Copyright © 2020 GRIN Verlag
Druck und Bindung: Books on Demand GmbH, Norderstedt Germany
ISBN: 9783346167798

Dieses Buch bei GRIN:

https://www.grin.com/document/588182

Anonym

Die Beeinflussung des Alkibiades auf die Sizilien-Expedition im Peloponnesischen Krieg

GRIN Verlag

GRIN - Your knowledge has value

Der GRIN Verlag publiziert seit 1998 wissenschaftliche Arbeiten von Studenten, Hochschullehrern und anderen Akademikern als eBook und gedrucktes Buch. Die Verlagswebsite www.grin.com ist die ideale Plattform zur Veröffentlichung von Hausarbeiten, Abschlussarbeiten, wissenschaftlichen Aufsätzen, Dissertationen und Fachbüchern.

Besuchen Sie uns im Internet:

http://www.grin.com/

http://www.facebook.com/grincom

http://www.twitter.com/grin_com

Inhaltsverzeichnis

1. Einleitung

Dass der Peloponnesische Krieg einer, oder wohl besser, der bekannteste Krieg der Antike war, ist unumstritten. Er verlief von 431 bis 404, ein Kräftemessen zwischen Athen und Sparta, welches ganze 27 Jahre andauerte.[1] Jahrelang haben beide Mächte ihr Imperium herangezogen, um die letztliche Frage, wer von Beiden an der Spitze stehen sollte, zu klären. Der Krieg ging uneinheitlich in mehreren Etappen voran. Gegen Ende gab es ein einschneidendes Ereignis, welches den Ausgang des Krieges erheblich beeinflusste – die Sizilien-Expedition. Diese brachte folglich den Zusammenbruch der athenischen Macht und den Sieg Spartas.[2]

Doch wieso entschied sich Athen überhaupt zu einem solch riskanten Vorhaben? Was waren die Beweggründe? Es lässt sich sagen, dass ein Politiker immer wieder in den Vordergrund rückt, wenn man nach Befürwortern der Expedition sucht: *Alkibiades*.[3]

Ziel dieser Arbeit wird es sein, die Rolle des *Alkibiades* besonders vor der Sizilien-Expedition aufzuzeigen. Bevor der Beschluss gefasst wurde, dass man *Egesta* auf Sizilien zur Hilfe kommen wollte, wurden einige Volksversammlungen abgehalten, auf denen die Heeresführer ihre Meinungen kundtaten und versuchten, die Menge für sich zu gewinnen. Welche Argumente *Alkibiades* dabei anbrachte und aus welchen Beweggründen er sich dafür entschied, wird auch Teil der Untersuchung sein. Es wird versucht zu klären, wie diese Persönlichkeit den Krieg beeinflusst haben könnte und wie bedeutsam das politische Handeln für den Verlauf war. Hilfreich für die Untersuchung wird auch die Einbeziehung der entgegengesetzten Meinung des *Nikias* sein, um auch die Kontroverse der einzelnen Heerführer kenntlich zu machen.

Als Primärquellen werden das sechste Buch des *Thukydides*[4] zum Peloponnesischen Krieg und „*Griechische Heldenleben*" von *Plutarch* genutzt. Einige andere Sekundärquellen wie: „*Der Peloponnesische Krieg*" und „*Athens Weg in die Niederlage*" von Bruno Bleckmann, „*Alkibiades*" von Fritz Taeger, „*Alkibiades*" von

---

[1] Vgl. Bleckmann, Bruno: Der Peloponnesische Krieg. C.H. Beck, München 2007. S.7.
[2] Vgl. Schuler, Wolfgang: Griechische Geschichte. R. Oldenbourg Verlag, München 1991. S. 38.
[3] Zur besseren Verständnis werden einige griechische Namen, welche vielleicht nicht so bekannt sind, kursiv geschrieben.
[4] *Thukydides* war ein griechischer Historiker. Seine acht Bücher über den Peloponnesischen Krieg sind die einzig gut erhaltenen Werke aus dieser Zeit. Besonders beachtenswert ist dabei auch, dass er den Krieg selbst miterlebt hat. Er bietet die wichtigste Quellengrundlage für diese Untersuchung.

Herbert Rüssel, sowie „*Athen und Sparta in klassischer Zeit*" von Charlotte Schubert und Andere dienen ebenfalls der Untersuchung.

2. Prägende Einschnitte im Leben des Alkibiades

Bevor man mit der eigentlichen Analyse beginnt, ist es hilfreich, auf einige Lebenseinschnitte des *Alkibiades* einzugehen. Dadurch lässt sich die Entwicklung dieser Person genauer nachvollziehen und gibt eventuell Aufschluss darüber, wieso er zu dem wurde, was er war.

Alkibiades wurde um 450 v.Chr. geboren. Die Quellenlage zu seiner Kindheit ist leider sehr spärlich vorhanden, darum ist wenig darüber bekannt. Sein Vater starb, als er im Alter von etwa drei Jahren war. Sein Vormund wurde folglich *Perikles*. Die Beziehung der beiden zueinander ist in der Forschung umstritten. Bei *Plutarch* heißt es, dass dieser ihm eher abgeneigt gegenüberstand. Er beauftragte verschiedenste Bedienstete, sich um den aufgeweckten Jungen zu kümmern. Offensichtlich wollte *Perikles* zum damaligen Zeitpunkt *Alkibiades* nicht zu seinem Nachfolger ernennen [5] und verleumdete ihn sogar. Donald Kagan hingegen sieht in diesem Diskurs Perikles eher als einen „Patenonkel" des *Alkibiades* an. Er nennt ihn den „*guardian of the boy*" (Vgl. Kagan, Donald: The Peloponnesian War. S. 211f), also den Beschützer des Jungen. Dies deutet eher gegen die Abneigung die *Perikles* für ihn empfunden haben soll. Auch spricht vieles dafür, dass *Alkibiades* in seiner Ausbildung nicht zurückstecken musste, sondern ihm diese im vollen Maße zugänglich war. Sie war darauf gedacht körperliche Fitness aufzubauen und Aufgeschlossenheit für das musikalische und literarisch-sprachliche Talent zu entwickeln.[6] Ungeachtet der Beziehung von ihm und *Perikles*, man kann sagen, dass allein durch das nähere Verhältnis der Beiden zueinander, *Alkibiades* nach *Perikles* Ableben dessen Anerkennung erhielt. Er stammte von den hoch angesehenen *Alkmeoniden* ab und erntete den Ruhm des *Perikles*.

Schon in seiner frühesten Jugend soll er als „*der strahlendste Stern am Himmel der athenischen Aristokratenjugend*" gegolten haben (Vgl. Heftner, Herbert: Alkibiades. Staatsmann und Feldherr. Primus Verlag, Frankfurt 2011. S.16). Er wird als äußerst

---

5 Taeger, Fritz: Alkibiades. Friedrich Andreas Perthes Verlag, Stuttgart 1925. S.12ff.
6 Vgl. Heftner, Herbert: Alkibiades. Staatsmann und Feldherr. Primus Verlag, Frankfurt 2011. S.14ff.

willensstark beschrieben und sei weit über dem normalen Maß hinaus von sich überzeugt gewesen. Er wird bei Heftner als ein schwieriges Kind dargestellt, welches dann aber wiederrum durch Schönheit, Charme und Brillanz von sich überzeugen konnte. All die Bestätigung, die ihm hier zuteil kam, bestärkte seinen Eigenwillen nur immer mehr.

Hinzu kommt, dass er in seinem frühen Jünglingsalter homoerotische Beziehungen vollzog. Er zog die Aufmerksamkeit von reifen Männern an. Dieses Liebeswerben und der körperliche Akt gehörten in der klassischen Epoche zum allgemein bekannten Brauch. Für *Alkibiades* hatte diese Bindung folgende Vorteile:

„Das Gefühl des Beachtet- und Respektiertwerdens, die Steigerung des eigenen Sozialprestiges und nicht zuletzt die Chance, (…) in die Kreise der Erwachsenenwelt zu integrieren." (Vgl. Heftner, Herbert: Alkibiades. Staatsmann und Feldherr. Primus Verlag, Frankfurt 2011. S. 17).

In den Quellen lässt sich ebenfalls eine Beziehung zwischen Sokrates und *Alkibiades* finden. *Alkibiades* gesunder Sinn lernte recht schnell, dass er Sokrates schätzen sollte.[7] Sie hatten eine lange und vertraute Beziehung zueinander, bis *Alkibiades* nichts mehr in dessen Lehren fand, was ihm in seiner Macht und seinem Ansehen hätte weiter bringen können. Folglich wendete er sich auch von ihm ab.[8]

Da die weitere Aufzählung einiger Lebenseinschnitte den Rahmen der Arbeit sprengen würde, verzichten wir hierauf, da die prägnanten Dinge seiner Kindheit und Jugend bereits genannt wurden. Der eigentliche Beginn seiner politischen Laufbahn lässt sich auf circa 428 legen, also ein Jahr nach dem Tode des *Perikles*.[9] All diese Erlebnisse trugen dazu bei, dass er bereits von Beginn an, ein überentwickeltes Ego und Selbstbewusstsein besaß.[10]

---

7 Vgl. Plutarch: Griechische Heldenleben. Themistokles, Perikles, Alkibiades, Alexander, Phyrros. Alfred Kröner Verlag, Stuttgart 1942. S. 81.
8 Vgl. Heftner, Herbert: Alkibiades. S. 25.
9 Vgl. Rüssel, Herbert: Alkibiades. Verlag die Runde, Berlin 1939. S.124.
10 Vgl. Ebenda, S. 18.

4

2.1 Thukydides Stand zu Alkibiades

Thukydides ist neben *Herodot* einer der Väter der Geschichtsschreibung. Er verweist auf das Wesentliche, das Geschehene, ohne diese durch Schmückungen zu verschönern.[11] Wie bereits erwähnt, sind die aufschlussreichsten Quellen, über den Peloponnesischen Krieg, die Bücher des *Thukydides*. Um die Glaubhaftigkeit dieser Werke genauer einschätzen zu können, muss zunächst geklärt werden, wie *Thukydides* zu *Alkibiades* stand. Da *Thukydides* ein Grieche war, ist abzusehen auf welcher Seite er stand. Immer wieder lobt er das Vorgehen einzelner Athener. Zunächst fällt dies besonders bei *Perikles* auf. Sein intelligentes politisches Vorgehen und seine Stärke stechen hervor. Sein späteres Mündel, *Alkibiades*, übernimmt nach dessen Ableben quasi seine Rolle. Dieser wird in *Thukydides* Werk zum Mehrheit immer wieder gelobt, anstatt kritisiert. Gewiss stellt *Thukydides* einige Geschehnisse nicht parteilos dar, aber da die Quellenlage nicht gut ist und er ein Zeitzeuge des Geschehens war[12], wird trotzdem darauf verwiesen.

Thukydides betont ebenfalls, dass es *Alkibiades* Abwesenheit, nicht Anwesenheit war, was Athen letztlich zerstörte. Auch hier lässt sich erkennen, dass er die Schuld für das Scheitern der Expedition und des Krieges nicht direkt mit den Taten des *Alkibiades* in Verbindung bringt. Erst als dieser verbannt wird und zu den Spartanern wechselt, begann Athens endgültige Niederlage.[13]

2.2 Charakterzüge des Alkibiades

Um nicht nur auf *Thukydides* zu verweisen, werden folglich noch andere Literaturquellen mit einbezogen. Einige Charakterzüge des *Alkibiades* lassen sich auch in verschiedenster Sekundärliteratur wiederfinden.

> „(...) by the middle of the Peloponnesian War Alcibiades has emerged as the
> most uninhibited of the uninhibited Athenians." (Vgl. Forde, Steven: „The

---

11 Vgl. Stockhammer, Nicolas. Das Prinzip der Macht. Die Rationalität politischer Macht bei Thukydides, Machiavelli und Michel Foucault. Nomos, Baden-Baden S. 21.
12 Er hat zu Zeiten des Krieges gelebt und ihn notiert. Darum wird er als Zeitzeuge bezeichnet.
13 Vgl. Forde, Steven: The Ambition to Rule. Alcibiades and the Politics of Imperialism in Thucydides. Cornell University Press, London 1998. S. 71.

Ambition to Rule. Alcibiades and the Politics of Imperalism in Thucydides. Cornell University Press, London 1998. S. 68).

Ebenfalls in der gleichen Literatur, wird er als Täuscher und als nicht standhaft beschrieben, da er beiden Seiten, also Athenern und Spartiaten, auf gleicher Weise diente und nützlich war. Als ihm in Athen ein Prozess drohte, floh er nach Sparta und bot dort seine Dienste an.

> *„One of the (...) charakteristics of Alcibiades is his ability to serve on all sides in the war with equal facility"* (Vgl. Forde, Steven: „The Ambition to Rule. Alcibiades and the Politics of Imperalism in Thucydides").

Er wird als ein Mann mit Ambitionen und Talent beschrieben. Ebenso stellt sich Forde die Frage, inwieweit er ein politisches Genie oder aber, seinen Ehrgeiz für die Gemeinschaft einsetzen wollte.[14]

> *„In Athen hoffte und fürchtete man alles von dem wundersamen Mann. Die Lauen und Schwachen grauste es vor ihm."* (Vgl. Taeger, Fritz: Alkibiades. Friedrich Andreas Perthes Verlag, Stuttgart 1925. S.76).

Hier lässt sich der Zwiespalt der Athener erkennen. Entweder mochte man *Alkibiades* und war von seinen Argumenten und Vorhaben überzeugt, oder man wendete sich komplett von ihm ab. Die Einen empfanden ihn als unreif und eitel und dass er die Expedition nur wegen des eigenen Gewinns befürwortete. Er sei zu jung um die tatsächlichen Auswirkungen des Ganzen abschätzen zu können. *Alkibiades* war aber auch stark und stolz[15] und wurde bei *Diodor* als *„(...) ein Mann, der schlechthin übermenschliches Format hat"* (Vgl. Bleckmann, Bruno: Athens Weg in die Niederlage. Die letzten Jahre des Peloponnesischen Kriegs. B.G. Teubner Verlag, Stuttgart 1996. S. 470) beschrieben.

Alkibiades soll von außergewöhnlicher Schönheit gewesen sein, welche ihn für alle anziehend und liebenswürdig machte. Sein Charakter war kontrovers und veränderlich und er wollte immer als Bester hervorgehen. Er war ein williger Lerner, jedoch setzte er auch hier seinen Willen durch. Als er das Flötespielen lernen sollte, weigerte er sich,

---

14 Vgl. Forde, Steven: The Ambition to Rule. Alcibiades and the Politics of Imperalism in Thucydides. S. 68.
15 Vgl. Taeger, Fritz: Alkibiades. Friedrich Andreas Perthes Verlag, Stuttgart 1925. S.76.

denn das gehöre sich nicht für einen edlen, freien Athener. *Alkibiades* genoss im Laufe seines Lebens immer größer werdendes Ansehen, verfügte über großen Reichtum und gewann durch Schmeicheleien und Liebkosungen immer mehr Bürger für sich.[16] Er betonte in seinen Reden immer wieder die großen und nützlichen Leistungen, die Männer mit solchen Ambitionen für die Gemeinschaft erbringen können.

In seinem politischen und militärischen Vorgehen soll er hingegen weitaus extremer als seine Vorgänger gewesen sein und nicht gewollt,Kompromisse einzugehen.[17] Er besaß eine gewisse Extravaganz, mit welcher er sich auf diese Weise verwöhnte, weil er glaubte, dass es für angesehene Männer in seiner Position geeignet sei. Intelligenz und Raffiniertheit gehören ebenfalls zu seinen Stärken. Er hat sich vielfältig über die Themen und Fragen der Athener informiert und kann bei Rückfragen gut darauf reagieren.

In Stockhammer lassen sich zudem noch deutlichere Charaktereigenschaften des *Alkibiades* festhalten. Er war *„besessen von der Idee, als ruhmreicher Unterwerfer Spartas in die Annalen Athens einzugehen"* und beweist sich als ein *„Mann der Tat"*, der bereit war, das Schicksal ganz Athens in seine Hände zu nehmen.[18] Im Volk fand er schnell Zustimmung, unter Anderem wegen seiner ruhmreichen Herkunft.

3. Gründe für die Ausführung der Sizilien-Expedition

Bevor sich Athen auf die Expedition einließ und *Egesta* zur Hilfe eilte, sendeten sie eine Gesandtschaft aus, die die Lage vor Ort begutachten sollte. Die Gesandtschaften mussten demnach entscheiden, ob sich das Vorhaben für Athen lohnen würde und ob die Chancen zum Sieg günstig standen. Die *Egestaner* täuschten die Athener und lockten mit nicht vorhandenen Zahlungsmitteln für ihre Dienste. Davon überzeugt beschloss Athen den Krieg, indem *Alkibiades* die *„Seele des Vorgehens"* (Vgl. Taeger, Fritz: Alkibiades. Friedrich Andreas Perthes Verlag, Stuttgart 1925. S.74) war.[19]

Seine Reden sind zudem sehr hilfreich, um seine Ansichten zu ermitteln und seinen Charakter, wie auch seine Handlungen zu beleuchten. Ein besonderes Augenmerk kann man auf die große Offenheit legen, mit welcher er seine Reden hält. Er ist schon

---

16 Vgl. Plutarch: Griechische Heldenleben. Alfred Kröner Verlag, Stuttgart 1942. S. 79ff.
17 Vgl. Forde, Steven: The Ambition to Rule. S. 70ff.
18 Vgl. Stockhammer, Nicolas: Das Prinzip der Macht. S. 44.
19 Vgl. Taeger, Fritz: Alkibiades. Friedrich Andreas Perthes Verlag, Stuttgart 1925. S.74.

immer von Kontroversen umgeben gewesen und immer im Zwang gewesen, sich erklären zu müssen. [20]

Alkibiades sah in diesem Vorhaben die Erfüllung seiner Kindheitsträume und Sizilien sollte nur der Anfang sein. Nun konnte er seinen strategischen Genius entfalten und den Gegner vernichten.

3.1 Persönliche Gründe des Alkibiades

Der wahrscheinlich größte Punkt für *Alkibiades*, die für die Exkursion sprach, waren seine persönlichen Ambitionen. Wie bereits erwähnt, war er schon in seiner Kindheit ein strebsamer Junge, welcher immer der Beste und Stärkste sein wollte. Diese Eigenschaft behielt er auch als Erwachsener bei. Er wollte etwas erreichen, was vor ihm noch keiner erreichen konnte. Sizilien sollte nur der Anfang sein. Von dort aus wollte er das westliche Mittelmeer erobern, um mit dieser Macht dann letztlich die Spartaner zu besiegen. Mit der besonnenen Politik seiner Mitstreiter konnte er nichts anfangen. Er besaß dagegen eine unersättliche Machtgier, sowie eine unnachgiebige Zielorientierung. Er stand schon in seiner Kindheit, als Sohn der Adelsfamilie der *Alkmeoniden*, unter einem erheblichen Erfolgsdruck. Was seinen Plan betraf, Sparta zu bezwingen, ging er äußerst obsessiv vor. Sein Ziel war es so schnell wie möglich Ruhm und Ansehen zu erlangen. [21]

416 heiratete er *Hipparete*, die Tochter des reichen und einflussreichen *Hipponikos*. Seine finanzielle Lage verbesserte sich seitdem erheblich und so wurde auch sein Drang geweckt, wie sein Schwiegervater, stärker in das politische Geschehen einzugreifen, um vermutlich auch ihn zu übertreffen. Es ist nicht ganz sicher, wer *Hipparete Alkibiades* zusprach, ob der Vater oder ihr Bruder *Kallias*. Sicher ist dagegen, dass er allein für die Hochzeit und die spätere Geburt seines Sohnes 20 Talente erhielt. [22]

Bei *Stockhammer* lässt sich ein Satz finden, der die Situation passend umschreibt:

---

20 Vgl. Forde, Steven: The Ambition to Rule. S. 71.
21 Vgl. Stockhammer, Nicolas: Das Prinzip der Macht. S. 43f.
22 Vgl. Plutarch: Griechische Heldenleben. S. 85f.

„Reine Machtgier, dazu eine fast niederträchtige Kombination aus Ruhmsucht und der Erwartung des großen Reichtums." (Vgl. Stockhammer, Nicolas: Das Prinzip der Macht. Die Rationalität politischer Macht bei Thukydides, Machiavelli und Michel Foucault. Baden-Baden 2009. S. 47).

und ebenso bei *Forde* findet sich ein solche Aussage:

„His private motivations meanwhile – a desire for wealth and glory and a highly personal rivalry with Nicias – are quite conspicuous." (Vgl, Forde, Steven: The Ambition to rule. S. 76).

Er bestreitet nicht, dass er hofft durch die Expedition seinen persönlichen Nutzen daraus zu ziehen und durch sein Kommando zu profitieren. Seine Extravaganz stellt er offen zur Schau und behauptet sogar, sie sei für die Athener von Vorteil.[23]

3.2 Die Nützlichkeit für die Athener

Seit dem Winter des Jahres 146/15 fühlte sich das athenische Volk in ihrem Selbstbewusstsein erneut gestärkt, wie sie es seit langem nicht mehr taten. Landwirtschaft und Handel profitierten vom Nikias-Frieden und auch die finanziellen Einbußen konnten, genau wie die vorangegangenen Bevölkerungsverluste durch die neue Generation, wieder ausgeglichen werden.

„Im Bewusstsein ihrer Stärke gefestigt, materiell gekräftigt und von frischen expansiven Energien erfüllt, fühlten Athens Bürger sich wieder imstande, die Herausforderungen des Kampfes um die Vormachtstellung in der Griechenwelt anzunehmen." (Vgl. Heftner, Herbert: Alkibiades. Staatsmann und Feldherr. Primus Verlag, Frankfurt 2011. S. 87).

Beginnend mit diesem Unterpunkt möchte ich zunächst auf die Nützlichkeit des *Alkibiades* für die Operation hinweisen. Diese Pro-Argumente wurden vermutlich von ihm selbst aufgestellt und in *Thukydides* Werk niedergeschrieben.

Er selbst sei durch seine ruhmhaften Vorfahren es wert, das Feldherrenamt zu belegen. Ebenso habe er die Olympischen Spiele im Pferdewagenrennen gewonnen und bringe

---

23 Vgl. Forde. S. 71.

der Stadt dadurch Ruhm und Ehre. Den Feinden dagegen machte sein Sieg Angst und zeuge von seiner Stärke. Ebenso verweist er auf seine vorherigen militärischen Siege.[24]

Man sollte sich hier allerdings vor Augen führen, dass er weder etwas für den Ruhm seiner Vorfahren getan hat, noch für die Stärke seiner Pferde. Natürlich waren es seine finanziellen Mittel, welche die Pferdezucht aufbauen lies, aber dass diese letztlich die Olympischen Spiele im Pferdewagenrennen gewannen, kann man nicht als seinen Verdienst anrechnen.

Und auch seine persönliche Verschwendung schafft ein Erscheinungsbild von Macht in Athen. Diese Erscheinung wird zur Realität, sei es durch Einschüchterung athenischer Feinde oder auch der Untertaten selbst. Er behauptet, dass er nur das tut, was alle großen Staats- und Ehrenmänner vor ihm getan haben. Die Ehre verbindet traditionell das Eigeninteresse des Staatsmannes mit dem Gemeinwohl der Gemeinschaft. Diese Interessen fallen demnach zusammen. Der Staatsmann erntet die Ehre für die Aktionen, die dann auch wiederrum der Stadt zugute kommen. [25]

Grundsätzlich lässt sich sagen, dass *Alkibiades* die Athener mit zwei machtpolitischen Argumenten für sein Vorhaben überzeugte. Einerseits müsse man den Machtaufstieg von Syrakus verhindern, da diese potentielle Verbündete Spartas waren. Würden sie diesen Kampf gewinnen, würde es die Reihen des Kriegsgegners erheblich stärken. Dieses Argument lässt sich sogar durch Fakten belegen. Die Anzahl des Volkes in Syrakus war nur minimal geringer, als die der Athener. Sie stellten also schon allein durch ihre Größe eine potentielle Gefahr da. Ebenso haben sie bereits vor dem Peloponnesischen Krieg ihre Stadt durch zahlreiche Rüstungen verstärkt und drohten eine Strategie der Athener zu verhindern. Athen wollte durch eine größere Blockierung die Nahrungsmittelzufuhr aus dem Westen verhindern. Die Hilfestellung der Bundesgenossen gegen diese mächtige Bedrohung war also schlüssig und unausweichlich. Wären die Athener ihren Verbündeten auch nicht zur Hilfe gekommen, hätte dies ein schlechtes Bild auf sie und ihre Betitelung als stärkste Seemacht des griechischen Raumes geworfen.

Auch erhoffte man sich durch die Expansion nach Sizilien materielle Eroberungen. Sizilien galt als „Goldener Westen" durch ihre Menge an Getreide, Vieh, Größe und

---

24 Vgl. Thukydides: Der Peloponnesische Krieg. S. 473ff.
25 Vgl. Forde. S. 79.

Ausstattung der Tempel. Man hoffte in Athen auf schnelle Gewinne und leichte Beute. Sie waren sich durch die Größe der Streitmacht ihres Sieges bewusst.

Ebenso bestand der Sizilienzug zum größeren Teil aus Freiwilligen aus den Bundesgenossen, welche aus Loyalität und eigenen Machtinteressen das Unternehmen unterstützten. Man könnte dadurch auch die These aufstellen, dass Athen das Ziel verfolgte ihre Bundesgenossen unter ihrer Führung zu bereichern, um einerseits ihren Herrschaftsanspruch zu sichern und andererseits das Zusammengehörigkeitsgefühl zu festigen.

Abschließend wird ein oben bereits genanntes Argument erneut aufgegriffen. Es war die jüngere Generation, die tatkräftig für die Sizilien-Expedition stimmte und *Alkibiades* folgte. Diese hatte die vorherigen Kriegsjahre nicht direkt miterlebt und waren voller Tatendrang, wie ihre Vorfahren, in die Schlacht zu ziehen und Ruhm und Ehre zu ernten. Es wurde eine große Neugier nach dem Unbekannten entfacht und jeder wollte an der angestrebten Macht teilhaben.[26]

3.3 Gegenargumente des Nikias

Nikias trat während der Volksversammlung als schärfster Kritiker der Expedition hervor. Er versuchte den Athenern zu beweisen, dass eine Eroberung Siziliens unmöglich gelingen konnte und dass dies selbst schon die Karthager erfahren haben. Den Quellen zufolge konnte er sich aber nicht gegen seinen Widersacher *Alkibiades* durchsetzen.[27]

Bereits bei Forde lassen sich Tendenzen der Kontroverse zwischen *Alkibiades* und *Nikias* feststellen. Er beschreibt es als *„struggle of opposites"* (Vgl. Forde, Steven: „The Ambition to Rule". S. 75), was treffender nicht geschrieben werden kann.

Doch warum so unterschiedliche Charaktere zu einer so wichtigen Aktion zusammenführen? Die Athener waren der Ansicht, dass es mehr Erfolg für die Operation bringe, wenn man mehrere Persönlichkeiten heranzieht. *Alkibiades* brachte seinen großen Wagemut mit und *Nikias* strahlte dagegen eine bedächtige Ruhe aus.

---

26 Vgl. Schulz, Raimund: Athen und Sparta. S.113ff.
27 Vgl. Schulz, Raimund: Athen und Sparta. WGB Verlag, Darmstadt 2011. S.109.

Der dritte Feldherr war *Lamachos*, welchem man trotz seines Alters die gleiche Wagemut im Kampf zutraute wie *Alkibiades*.[28]

Nikias war der Ansicht, dass ein Staatsmann im politischen Sinne handeln und die persönlichen Interessen nicht verfolgen sollte, wenn dabei die eigene Stadtmacht gefährdet werden würde.[29]

Alkibiades Macht und sein Ansehen allerdings, wurden immer größer. *Nikias* und er stellten ihre politischen Vorstellungen vor der Volksversammlung vor und argumentierten dafür. Als „*glänzender Sieger*" ging *Alkibiades* hervor und *Nikias* fügte sich letztlich der Mehrheit.

Er wurde aufgrund seines militärischen Wissens unfreiwillig zum Feldherren gewählt und war der Ansicht, man solle nicht auf den Rat fremder Männer hören und einen Krieg beginnen, der die Athener eigentlich nichts anging. Man sollte das Bestehende bewahren und sich nicht ins Ungewisse stürzen. Die alte Herrschaft sollte zunächst gefestigt werden und nicht bereits eine Neue angestrebt werden. Man setzte die Stadt einer unnötigen Gefahr aus und könnte Sizilien auf Dauer sowieso nicht halten, da sie zu weit entfernt und so groß in ihrer Anzahl war. Er beschrieb das Vorgehen als unsinnig, gerade auch, weil sich Athen erst wieder von der schweren Seuche erholt hatte. Er appelliert eher an die ältere Generation, da die Jüngeren, voller Expeditionsdrang und Übermut die Gefahren nicht sehen würden. Er beschreibt das Vorgehen als ein

„(...) unglücklichen Streben nach der Ferne (...)" (Vgl. Thukydides: Der Peloponnesische Krieg. Reclam, Stuttgart 2018, S. 471).

In *Nikias* Reden werden ebenfalls seine wahrscheinlich persönlichen Beschreibungen seines politischen Gegners deutlich. Er spricht ihn nicht direkt an, sondern bezeichnet ihn als ein

„(...) jemand, der sich gern zum Feldherrn wählen ließ (...)" (Vgl. Thukydides: Der Peloponnesische Krieg. Reclam, Stuttgart 2018, S. 470).

---

28 Vgl. Plutarch: Griechische Heldenleben. S. 95.
29 Vgl. Forde. S. 75.

Alkibiades strebe nur seine persönlichen Vorteile an, sei viel zu jung und gefährde den Staat. Er selbst besitze die kluge Voraussicht, wohingegen er nur der Gier nachgebe.[30]

Als *Nikias* merkte, dass sich die Mehrheit sowieso schon auf *Alkibiades* Seite gestellt hatte, versuchte er das Geschehen vermutlich auf eine andere Art zu beenden. Auf der zweiten Volksversammlung, in welcher es darum ginge, was die Feldherren noch für die Fahrt bedurften und wie man das Material schnell beschaffen konnte, ging Nikias erneut als erster Redner vor das Volk.[31] Er stimmte dem Vorhaben zu, allerdings nur unter der Bedingung, die Flotte, das Getreide, die Leichtbewaffneten und die Zahl der Hopliten zu erhöhen. Wahrscheinlich wollte er seine grundsätzlichen Bedenken damit erneut zum Vorschein bringen, doch die Athener stimmten seinen Forderungen schnell zu und sogar *Alkibiades* hatte keine Einwände dagegen.[32]

Schließlich war der Entschluss gefasst, die Sizilien-Expedition anzutreten. Es wurde mit über 100 Kriegsschiffen und 5000 Hopliten gereist. Die ruder-getriebenen und aus Holz bestehenden Trieren[33] waren das meistgenutzte Reisemittel der Athener und brachte sie schnell über die Gewässer. Nicht umsonst galt Athen als die wahrscheinlich stärkste Seemacht der damaligen Zeit.[34]

Zwar wird die Schuld des Scheiterns vom Volk eher *Nikias* zugeschrieben, welcher später den Einschluss der Flotte im Hafen von Syrakus durch sein Zögern verursachte, doch vergisst man hierbei die anfängliche Gegenwehr seinerseits, diese Entdeckungsreise überhaupt anzutreten.[35]

3.4 Diskussionen in der Forschung

In *Thukydides* heißt es:

„Wir sind nach Sizilien gefahren, erstens, um wenn möglich die Sizilier zu unterwerfen, nach ihnen dann die Italer, und schließlich, um auch einen Versuch auf das Herrschaftsgebiet der Karthager und sie selbst zu machen. Wäre uns dies

30 Vgl. Thukydides: Der Peloponnesische Krieg. Reclam, Stuttgart 2000. S. 467-472.
31 Vgl. Schulz, Raimund: Athen und Sparta. S. 109.
32 Vgl. Plutarch. S.95ff.
33 Vgl. Rienow, Robert: Die Kriegsflotte Athens. Dr. Lange Verlag, Spandau 1869. S.3.
34 Vgl. Ebenda, S. 4.
35 Vgl. Schubert, Charlotte: Athen und Sparta in klassischer Zeit. Ein Studienbuch. J.B. Metzler Verlag, Weimar 2003. S. 148.

geglückt, ganz oder zum größten Teil, hatten wir die Absicht, gleich gegen den Peloponnes vorzugehen, wobei wir die gesamte uns dort zuwachsene Hellenenmacht herübergeschafft und zahlreiche Barbaren angeworben hätten, Iberer und andere (...) Trieren hätten wir zu unsern in großer Zahl dazugebaut (...). Mit diesen wollten wir den Peloponnes ringsum blockieren, gleichzeitig mit dem Fußvolk durch Einfälle (...) einige Städte im Sturm nehmen, die anderen durch Belagerungsmauern einschließen und hofften so, euch leicht niederzuringen und (...) zu beherrschen" (Vgl. Thukydides: Der Peloponnesische Krieg. 6. Buch, 90, 2. S.529f).

Und auch in *Plutarch* lässt sich folgende Aussage finden:

„Denn in seinen Plänen stand Sizilien immer nur als der Anfang, nicht, wie bei den Übrigen, als das Ziel des Krieges" (Vgl. Plutarch: Griechische Heldenepen. Alfred Kröner Verlag, Stuttgart 1942. S.94).

Die Glaubwürdigkeit dieser großen Ziele des *Alkibiades* sind in der Forschung sehr umstritten. Athen und folglich auch *Alkibiades* hätten also niemals nur die Eroberung Siziliens im Blick, sondern schon immer die Eroberung der westlichen Küstengebiete. Mit dieser Machtgewinnung wollten sie letztlich Sparta endgültig schlagen.

Donald Kagan hat diese weitreichenden Pläne als unrealistisch verworfen und erklärt sich dies so, dass *Alkibiades* die Spartaner nur durch diese überzogenen Kriegspläne der Athener zu militärischen Gegenmaßnahmen ihrerseits überreden wollte. Persönliche Rachemotive haben hier sicherlich auch ihren Teil dazu beigetragen, da er bei seinen eigenen Leuten nun als verurteilter Flüchtling galt.[36] Den Feinden zu helfen, alle Pläne preiszugeben und die eigenen Dienste anzubieten, war für ihn wahrscheinlich seine einzige Rettung.

Doch es gibt auch Befürworter dieser These. Einer davon wäre R. Meiggs, er plädiert darauf, dass das oben genannte tatsächlich dem Vorhaben der Athener entsprach. Die Quellen weisen alle darauf hin, sei es *Plutarch* oder auch *Thukydides*, dass es während der Volksversammlungen zu derartigen Überlegungen gekommen ist. Gewiss hat *Alkibiades* diese Idee bewusst bei der Rede vor den Spartanern in den Vordergrund

---

36 Vgl. Schulz, Raimund: Athen und Sparta. S.112f.

gehoben. Doch wäre es eine Lüge gewesen, hätten die Spartaner das durch Kontaktmänner leicht widerrufen können.[37]

Es lässt sich also nicht genau sagen, ob das gesamte Vorgehen der Sizilien-Expansion allein eine Idee des *Alkibiades* war, oder ob sich die Mehrheit Athens bewusst, ohne die Argumente des *Alkibiades* gehört zu haben, bereits dafür entschieden hatten.

4. Bedeutsamkeit der Entscheidungen

Alkibiades war mit seiner Flotte bereits auf Sizilien angekommen, als er wegen eines Prozesses gegen ihn nach Athen zurück gerufen wurde. Man beschuldigte ihn in seinem Haus eine Parodie Eleusinischer Mysterien aufgeführt zu haben und er an der Zerstörung von Hermesstauen beteiligt war. [38] Wahrscheinlich aus Angst des Scheiterns floh er nach Sparta, um dort seine Kenntnisse und Fähigkeiten zum Einsatz zu bringen. Charlotte Schubert schreibt dazu, dass seit dieser Rückbeorderung die Sizilien-Expedition nur noch ziellos fortgeführt wurde.[39] Er verriet den Spartanern alle Taktiken der Athener und half ihnen soviel, wie es in seiner Macht stand.

> *„Von nun an sollte sein Zorn Athen gelten, die ihm einen gehörigen Strich durch die Rechnung gemacht hatte"* (Vgl. Stockhammer, Nicolas: Das Prinzip der Macht. Nomos Verlag, Baden-Baden 2009. S. 48).

Die abzusehende Niederlage Athens stellt sich als ein Eliteversagen in zweifacher Hinsicht dar. Zum Einen beschuldigt man Nikias und seine Anhänger nicht vehement genug gegen die Expedition vorgegangen zu sein. Zum Anderen steht *Alkibiades* und dessen Anhängern falscher Glaube, sie seien unbezwingbar und das Festhalten an *Perikles* Lehren. Hervorheben sollte man auch, dass Athen seinen wahrscheinlich fähigsten, wenn auch beherrschbarsten Feldherren in dieser entscheidenden Phase des Krieges allein durch Mythengläubigkeit verloren hat. Im weiteren Verlauf kommt es zu einer Schwerfälligkeit und Zögerlichkeit der athenischen Befehlenden, welche sich durch den Prozess und die Flucht *Alkibiades* stark verunsichern ließen.[40]

---

37 Vgl. Schulz, Raimund: Athen und Sparta. S. 113.
38 Vgl. Stockhammer, Nicolas: Das Prinzip der Macht. S. 48.
39 Vgl. Schubert, Charlotte: Athen und Sparta in klassischer Zeit. S. 148.
40 Vgl. Stockhammer, Nicolas: Das Prinzip der Macht. S. 48.

5. Fazit

411 dauerte der Krieg nun schon einige Jahre an, doch dass er noch weitere Jahre fortgeführt werden sollte, war den Meisten damals nicht bewusst. Durch den oligarchischen Umsturz bekämpften sich selbst die Athener untereinander, was nach menschlichen Ermessen zum Ende des Krieges hindeuten hätte sollen. Bruno Beckmann ist der Ansicht, dass die Hauptursache des Fortführens *Alkibiades* strategische Führung der Flottenoperationen darstellte. Durch seine militärischen Erfolge auf dem Meergebiet waren die Athener ermutigt weiter zu kämpfen.[41]

Er hatte es geschafft in wenigen Jahren zu einem mächtigen Politiker heranzuwachsen. Auch die Umstände des Krieges verhalfen ihm dazu. Er erkannte die wachsende Abneigung der Bevölkerung gegen Sparta nach dem Nikias-Frieden und wusste sie zu nutzen. Geschickt wickelte er die Athener um die Finger und überzeugte sie mit seinen politischen Reden.

Er wird in den einzelnen Quellen immer gleich beschrieben und charakterisiert. Ein intelligenter Mann, der geschickt mit Worten umgehen konnte und in jeder Situation das Beste für sich herausschlagen wollte.

Es kann festgehalten werden, dass *Alkibiades* der deutliche Hauptbefürworter der Sizilien-Expedition war. Gewiss hat er auch viele unschlüssige Athener auf seine Seite gezogen und viele durch falsche, nicht zu erreichende Ziele in ihren Ansichten bestärkt. Ob diese Expedition allerdings auch ohne seine Befürwortung stattgefunden hätte, lässt sich nur vermuten. Es wirft wahrscheinlich eher die Frage in die Runde, wieso nur *Nikias* Zweifel an *Alkibiades* offenlegte. Bei den dargelegten

---

41 Vgl. Bleckmann, Bruno: Der Peloponnesische Krieg. S.94.

Charaktereigenschaften wird *Alkibiades* nicht mit Glanz überhäuft, eher im Gegenteil. Wieso hat man ihn, der offensichtlich nur auf sein eigenes Wohl aus war, zu einem Feldherren ernannt und ihm das Schicksal ganz Athens in die Hände gelegt?

Ein abschließendes Zitat wird folglich aus Stockhammer entnommen:

> *„Alkibiades wird (...) als Paradebeispiel für eine unvernünftige Machtpolitik dienen, deren übertriebene Rücksichtslosigkeit und Grausamkeit zum Untergang eines Imperiums geführt haben. Exakt diese von ihm an den Tag gelegte Attitüde einer Machtarroganz, der übertriebenen Selbstüberhebung und gleichzeitigen Geringschätzung für die Gegner, eine narzisstische Haltung der kontinuierlichen Fehleinschätzung der eigenen Möglichkeiten (...) hat alleinschuldig den Untergang Athens besiegelt"* (Vgl. Stockhammer, Nicolas: Das Prinzip der Macht. S. 44).

Die Ansicht, die eigenen Überzeugungen voranstellen zu dürfen und sich alles zu erlauben, blieb ihm von seiner Kindheit bis ins Erwachsenenalter erhalten. Dies brachte nicht nur letztlich ihm Schaden, sondern auch ganz Athen.[42]

Alkibiades erhoffte sich durch die Sizilienfahrt politischen Triumph und die Erfüllung seiner persönlichen Hoffnungen. Dass diese Wünsche weder für ihn, noch für Athen in Erfüllung gehen sollten, war abzusehen. Der Angriff der Athener auf Sizilien, welcher mit so großen Erwartungen gestartet wurde, endete letztlich mit einem katastrophalen Scheitern.[43]

---

42 Vgl. Heftner, Herbert: Alkibiades. S. 18.
43 Vgl. Kagan, Donald: The Fall of the Athenian Empire. Cornell University Press, London 1990. S. 1.

6. Literaturverzeichnis

6.1 Primärquellen

I.   Thukydides: Der Peloponnesische Krieg. Übersetzt von Werner Rinner. Reclam, Stuttgart 2000.

II. Plutarch: Griechische Heldenleben. Themistokles, Perikles, Alkibiades, Alexander, Phyrros. Alfred Kröner Verlag, Stuttgart 1942.

6.2 Sekundärquellen

I.   Bleckmann, Bruno: Athens Weg in die Niederlage. Die letzten Jahre des Peloponnesischen Kriegs. B.G. Teubner, Stuttgart 1998

II.   Forde, Steven: The Ambition to Rule. Alcibiades and the Politics of Imperalism in Thucydides. Cornell University Press, London 1998.

III. Heftner, Herbert: Alkibiades. Staatsmann und Feldherr. WBG, Darmstadt 2011.

IV.   Kagan, Donald: The Fall of the Athenian Empire. Cornell University Press, New York 1990.

V.   Kagan, Donald: The Peloponnesian War. Pinguin Books, New York 2004.

VI.   Rienow, Robert: Die Kriegsflotte Athens. Dr. Lange Verlag, Spandau 1869.

VII. Rüssel, Herbert: Alkibiades. Verlag die Runde, Berlin 1939.

VIII. Schubert, Charlotte: Athen und Sparta in klassischer Zeit. Ein Studienbuch. J.B. Metzler Verlag, Weimar 2003.

IX. Schuler, Wolfgang: Griechische Geschichte. R. Oldenbourg Verlag, München 1991.

X. Stockhammer, Nicolas. Das Prinzip der Macht. Die Rationalität politischer Macht bei Thukydides, Machiavelli und Michel Foucault. Nomos, Baden-Baden 2009.

XI. Schulz, Raimund: Athen und Sparta. WGB Verlag, Darmstadt 2011.

XII. Taeger, Fritz: Alkibiades. Friedrich Andreas Perthes Verlag, Stuttgart 1925.

BEI GRIN MACHT SICH IHR WISSEN BEZAHLT

- Wir veröffentlichen Ihre Hausarbeit, Bachelor- und Masterarbeit

- Ihr eigenes eBook und Buch - weltweit in allen wichtigen Shops

- Verdienen Sie an jedem Verkauf

Jetzt bei www.GRIN.com hochladen und kostenlos publizieren